글씨가 예뻐지는 60일의 기적

손글씨 처방전

펴낸날	초판 1쇄 2018년 2월 28일
	2쇄 2019년 4월 10일

지은이 임예진

펴낸이 강진수
편집팀 김은숙, 이가영
디자인 임수현

인쇄 (주)우진코니티

펴낸곳 (주)북스고　**출판등록** 제2017-000136호 2017년 11월 23일
주소 서울시 중구 퇴계로 253(충무로 5가) 삼오빌딩 705호
전화 (02) 6403-0042 | **팩스** (02) 6499-1053

ⓒ 임예진, 2018

- 이 책은 저작권법에 따라 보호를 받는 저작물이므로 무단 전재와 무단 복제를 금지하며,
  이 책 내용의 전부 또는 일부를 이용하려면 반드시 저작권자와 (주)북스고의 서면 동의를 받아야 합니다.
- 책값은 뒤표지에 있습니다. 잘못된 책은 바꾸어 드립니다.

ISBN 979-11-962927-1-3　13640

이 도서의 국립중앙도서관 출판예정도서목록(CIP)은 서지정보유통지원시스템 홈페이지(http://seoji.nl.go.kr)와 국가자료공동목록시스템(http://www.nl.go.kr/kolisnet)에서 이용하실 수 있습니다.(CIP제어번호: CIP2018005876)

책 출간을 원하시는 분은 이메일 booksgo@naver.com로 간단한 개요와 취지, 연락처 등을 보내주세요.
Booksgo는 건강하고 행복한 삶을 위한 가치 있는 콘텐츠를 만듭니다.

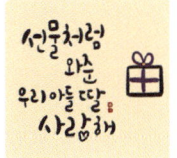  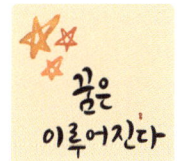  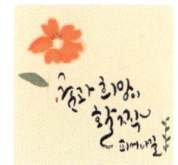

글씨가 예뻐지는 60일의 기적

손글씨 처방전

✦ 손끝느낌 임예진 지음

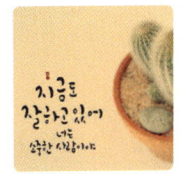  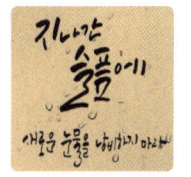  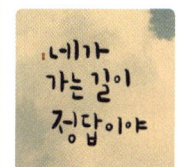

Booksgo

　어른이 되면 한 발 더 나아질 것 같았는데 뒤돌아 보면 항상 제자리인 것 같은 모습에 좌절하고 실망합니다. 하지만 다시 한 번 돌아 봅니다. 눈 쌓인 거리를 이리저리 밟으며 새겨진 발자국처럼 지나온 시간 속의 나는 예쁘게만 보입니다.

　글씨도 마찬가지인 것 같아요. 오래된 나의 글씨를 바꿔보려고 노력했던 순간은 습관에 의해 금방 제자리로 돌아가는 것 같습니다. 몸은 어른인데 글씨는 아직 천방지축 아이와 같습니다.

　그간 써왔던 손글씨는 공부하듯이 또는 놀이하듯이 조금씩 바꿔 나갈 수 있습니다. 대신 어떤 것도 하루 아침에 이루어지지 않습니다.

　《하루 한 시간, 캘리그라피》는 캘리그라피의 전체적인 부분에 대한 설명이었다면《손글씨 처방전》은 나의 글씨에 대해 알아보고 써 보는 시간이 되도록 만들었어요. 이 책으로 꾸준하게 노력했던 순간들의 발자국이 예쁘게 남길 바랍니다.

　늘 곁에서 지켜봐 주고 응원해주는 내 사람에게 감사합니다. 그리고 자기만의 글씨로 소중한 사람들과 함께 했던 일상을 손글씨로 기록하는 따뜻한 순간이 되기를 응원합니다.

손끝느낌 임예진

목차

🌿 **작가의 말** 5

| PART 01 | **손글씨에 문제가 생겼어요** |

    🌿 내 손글씨 확인하기 10

    🌿 펜 고르기 16

    🌿 일상의 손글씨 20

| PART 02 | **손글씨, 처음 쓰는 것처럼** |

    🌿 펜 잡는 방법과 자세 26

    🌿 손 풀기 27

          기초 선긋기 27

          도형 그리기 28

          그림 그리기 29

    🌿 손글씨의 형태 30

          정자체 30

          또박또박 쓰는 정자체 31

          동글동글 귀여운 글씨 32

          흐르는 듯한 느낌의 흘림체 33

          개성 넘치는 캘리그라피 34

🌿 **점자체 익히기** 35
　　　　자음, 모음 쓰기 35
　　　　숫자 쓰기 40
　　　　알파벳 쓰기 42
　　　　단어 쓰기 54
　　　　문장 쓰기 58
　　　　겹받침, 쌍받침 쓰기 60

🌿 **귀여운 글씨 익히기** 62
　　　　자음, 모음 쓰기 62
　　　　숫자 쓰기 64
　　　　알파벳 쓰기 65
　　　　단어 쓰기 71
　　　　문장 쓰기 73
　　　　겹받침, 쌍받침 쓰기 74

🌿 **흘림체 익히기** 75
　　　　자음, 모음 쓰기 75
　　　　숫자 쓰기 77
　　　　알파벳 쓰기 78
　　　　단어 쓰기 84
　　　　문장 쓰기 86
　　　　겹받침, 쌍받침 쓰기 87

PART 03 하루 한 장, 손글씨

🌿 **DAY 01 ~ DAY 10** 점자체 쓰기 90 ~ 103
🌿 **DAY 11 ~ DAY 20** 바른 글씨 쓰기 104 ~ 117
🌿 **DAY 21 ~ DAY 30** 귀여운 글씨 쓰기 118 ~ 131
🌿 **DAY 31 ~ DAY 40** 흘려 쓰는 글씨 쓰기 132 ~ 145
🌿 **DAY 41 ~ DAY 60** 생활 캘리그라피 쓰기 146 ~ 189

PART 01
손글씨에 문제가 생겼어요

내 손글씨 확인하기

지피지기면 백전백승이라는 말이 있어요. 자신의 글씨에 대한 문제점을 제대로 알고 바꾸고 싶은 글씨를 연습하면 빨리 익힐 수 있습니다. 요즘 악필 교정을 할 때 무조건 정자체로 쓰려고 하지는 않습니다. 자신의 개성을 담고 스스로의 감정과 색깔이 보이는 손글씨 쓰기를 원하죠. 먼저 자신의 글씨가 왜 악필이라고 불리는지 확인하고 손글씨 쓰기를 하면 실력이 빨리 늘 거예요.

> 꿈은 도망가지 않는다. 언제나 도망치는 것은 자신이다.
>
> 편하고 바라지 않는이에게는 미래도 없다.
>
> 누구도 나를 대신할수는 없어!
> 운명은 내가 개척하는 것이다.
>
> 미소는 사랑을 키운다.
> 시간은 꿈을 저버리지 않는다.
>
> 포기했을 때가 실패이다.

진단

- 오른쪽으로 올라가거나 내려가는 글씨
- 갈겨써서 글의 의미 확인이 불가능한 글씨
- 글자 크기가 들쭉날쭉한 글씨
- 띄어쓰기가 되지 않는 글씨

오른쪽으로 올라가거나 내려가는 글씨

미소는 사랑을 키웁니다.

오른쪽으로 올라가는 글씨

미소는 사랑을 키웁니다

손글씨를 쓰는 많은 사람들의 버릇 중에는 옆으로 종이 각도를 많이 돌려 씁니다. 그렇게 쓰는 글씨는 자신의 글자가 위로 올라가는지 아래로 내려가고 있는지 방향을 확인하기 어려워요. 바른 자세를 유지하면서 쓰는 것은 자신의 글씨를 확인하기 위해서도 중요합니다.

갈겨써서 글의 의미 확인이 불가능한 글씨

변화를 바라지 않는자에게는 미래도 없다.

'바라지 않는 자에게는'이 '바라디 않는 다에개는'으로 보이고 오른쪽으로 올라가는 글씨

변화를 바라지 않는자에에는 미래도 없다

빠르게 쓰는 글씨를 흘림 글씨라고 착각하는 사람들이 많습니다. 빠르게 쓰는 것도 중요하지만 정보를 정확하게 전달하는 것도 손글씨의 중요한 역할입니다. 가독성을 높여서 다른 글자처럼 보이지 않도록 주의해야 합니다.

글자 크기가 들쑥날쑥한 글씨

후회를 남기지 말자
'남기지'가 지나치게 큰 글씨

후회를 남기지 말자
강조를 할 때는 '후회'를 크게 쓰는 것이 좋다.

캘리그라피에서는 중요한 단어나 강조할 글자를 크게 쓰기도 하고 작게 쓰기도 합니다. 그러나 단어나 문장을 방해하는 들쑥날쑥한 글씨는 미적으로도 아름답지 못하고 균형감이 없어서 불안해 보입니다.

띄어쓰기가 되지 않는 글씨

주인공은나야
띄어쓰기가 전혀 되어 있지 않은 글씨

주인공은 나야

한글은 띄어쓰기에 따라서 의미가 달라지기도 합니다. 한 글자의 반 정도 크기만 띄어쓰기를 해도 의미를 헷갈리게 하거나 어색하지 않기 때문에 띄어쓰기에 유의하며 씁니다.

▎줄이 맞지 않는 글씨

손글씨잘쓰고 싶다!

오른쪽으로 올라가서 글자 정렬이 맞지 않은 글씨

손글씨 잘 쓰고 싶다

윗줄을 맞춘 글씨

손글씨 잘 쓰고 싶다

가운데 정렬된 글씨

손글씨 잘 쓰고 싶다

아랫줄을 맞춘 글씨

글씨는 윗줄 정렬, 중심축 정렬, 아랫줄 정렬을 해줄 수 있습니다. 정렬이 뒤죽박죽 되어 있는 글씨보다는 가지런한 글씨가 아름다워 보입니다. 대체적으로 중심축 정렬을 가장 많이 사용합니다.

▎자간과 행간

감사합니다.
행복합니다.

자간이 적당한 글자

감 사 합 니 다 .
행 복 합 니 다 .

자간이 넓은 글자

감사합니다.
행복합니다.

자간이 좁은 글자

활짝
피어 날 거예요.

행간이 적당한 글자

활짝

피어 날 거예요.

행간이 넓은 글자

활짝
피어 날 거예요.

행간이 좁은 글자

글자 사이의 간격을 자간이라고 하고 문장의 위쪽 행과 아래쪽 행 사이의 간격을 행간이라고 합니다. 이 두 가지는 글자 균형과 아름다움을 위한 중요한 요소일 뿐만 아니라 글의 내용을 읽고 이해하는 데도 중요합니다.

▎여러분의 손글씨를 써보고 진단해 보세요.

- 꿈은 도망치지 않는다. 언제나 도망치는 것은 자신이다.

- 변화를 바라지 않는 자에게는 미래도 없다.

- 누구도 나를 대신할 수는 없어!

- 운명은 내가 개척하는 것이다.

- 미소는 사랑을 키웁니다.

- 시간은 꿈을 저버리지 않는다.

- 포기했을 때가 실패이다.

- 가나다라마바사아자차카타파하

펜 고르기

자신의 글씨를 확인했으면 글씨를 쓸 수 있게 도와 줄 펜을 선택해 보세요. 요즘은 만년필도 저가형으로 많이 출시되어 있어 선택할 수 있는 펜이 다양해요. 손글씨는 자신에게 가장 잘 맞는 펜을 고르는 것이 중요해요.

연필과 샤프펜슬

가장 쉽고 자주 접하는 필기도구예요. 뾰족하게 깎아서 쓸 때와 뭉툭해졌을 때의 필기감이 다릅니다. 샤프는 같은 두께로 나오기 때문에 일정하게 글씨를 쓸 수 있어요. 필압 조절이 필요하지 않고 잘못 썼더라도 쉽게 지울 수 있기 때문에 부담 없이 시작할 수 있어요.

볼펜

사이즈와 브랜드가 다양하기 때문에 선택의 폭이 넓습니다.

사인펜

둥근 펜촉에 컬러가 다양하고 귀여운 글씨를 쓰기에 좋아요. 사인펜도 컬러가 다양하기 때문에 알록달록하게 표현할 수 있어요.

만년필과 딥펜

잉크를 찍어 쓰는 딥펜은 다양한 잉크를 사용할 수 있고 글씨에 그라데이션을 줄 수 있습니다. 카트리지를 끼워서 사용하는 만년필은 휴대하기가 편합니다. 고가부터 저가형까지 다양한 가격대가 있어서 선택의 폭이 넓어요. 잉크에 따라 번지지 않고 사용할 수 있는 궁합이 맞는 종이가 있어 종이 선택이 중요합니다.

쿠레타케 붓펜 & 아카시아 붓펜

서예 붓처럼 모가 하나하나 나누어져서 획 하나에서 두께감을 조절할 수 있으며 리필 잉크가 있어서 휴대성이 좋습니다. 붓글씨의 느낌을 줄 수 있어서 캘리그라피용으로 많이 사용합니다.

붓펜

서예 붓의 모양을 갖고 있지만 스펀지 형태의 덩어리라서 얇고 작은 글자를 쓰는 데 좋습니다.

납작펜

영문 캘리그라피용으로도 많이 사용하는 납작펜은 납작한 면을 이용해서 두께감을 조절해서 사용할 수 있어요. 필압을 이용해서 사용하면 두껍고 얇은 획을 쓸 수 있고, 펜 두께별로 다양하게 구매할 수 있어요.

일상의 손글씨

메모지에 쓰는 손글씨

같은 메모지지만 왼쪽은 붓펜으로 오른쪽은 연필로 썼어요.

균형감 있고 아름답게 쓴 손글씨가 들어간 메모지를 벽에 붙여두면 인테리어 소품처럼 사용할 수 있어요.

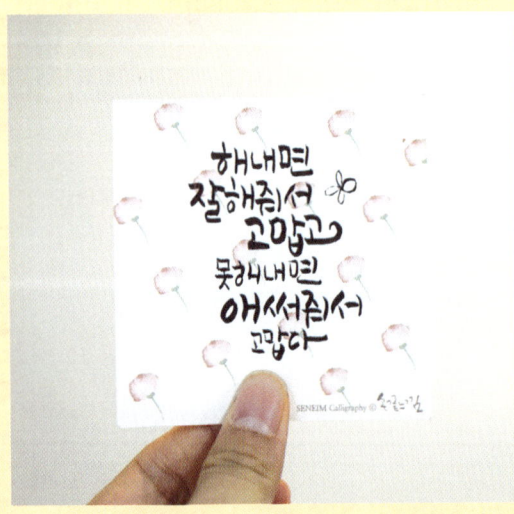

> **엽서에 쓰는 손글씨**

왼쪽은 드라이플라워와 함께 사인펜으로 손글씨를 썼고 오른쪽은 수채화 그림과 함께 쿠레타케 붓펜으로 손글씨를 썼어요.

집에 있는 물감으로 쓰는 손글씨도 예뻐요. 집에 있는 마스킹 테이프로 엽서나 다이어리를 꾸미고 손글씨를 썼어요. 일상이 즐거워져요.

화분과 머그컵에 쓰는 손글씨

하얀 도자기 위에 올라간 글씨는 매력적이고 선물하기도 좋아요. 붓펜으로 손글씨와 그림을 그리고 인쇄했어요. 매일 사용하면서 볼 수 있어서 좋답니다.

액자에 쓰는 손글씨

좋아하는 글귀를 쓴 액자는 인테리어 소품으로 좋아요. 특히 액자는 긴 글귀를 많이 쓰기 때문에 글자의 정렬에 주의하면 좋습니다.

압화가 들어간 봉투, 책갈피에 쓰는 손글씨

손글씨를 연습해서 봉투 글귀를 정성들여 써보세요. 꽃과 글씨는 항상 잘 어울립니다.

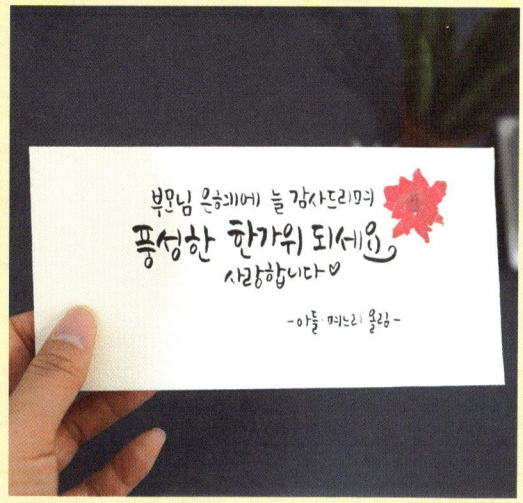

다이어리 꾸미기

디지털 기기로 일정을 관리하는 사람들도 많지만 하루를 되새겨 볼 수 있는 일기는 손으로 써야 제맛이죠. 다시 펼쳐 봐도 그 날의 기억이 새록새록 생각나는 먼슬리와 일기를 손글씨로 써보세요. 바른 글씨로 쓴 다이어리는 보기에도 좋답니다.

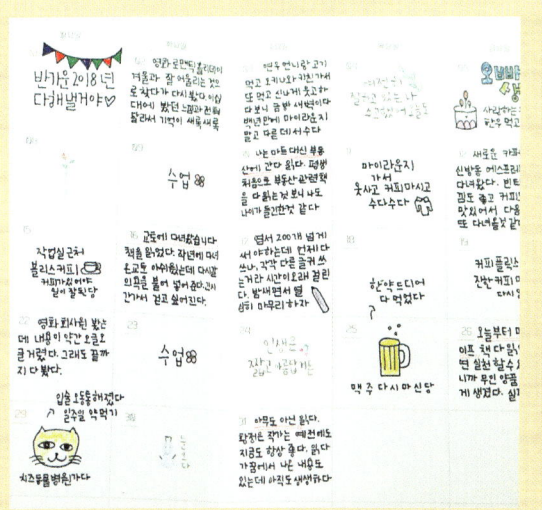

PART 02

손글씨, 처음 쓰는 것처럼

펜 잡는 방법과 자세

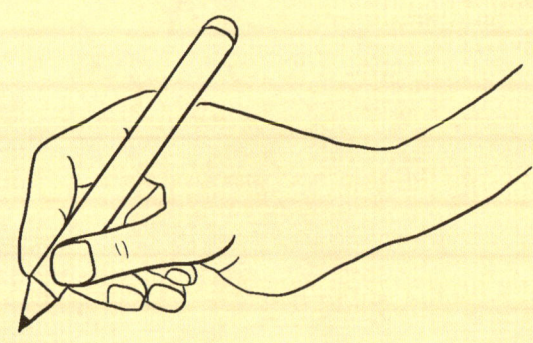

오랫동안 글씨를 쓰기 위해서는 바른 자세와 편안하게 펜을 잡는 것이 중요합니다. 펜촉 앞쪽으로 너무 가깝지도 멀지도 않은 2~3cm 떨어진 곳을 잡고 허리는 펴고 종이는 바르게 놓습니다. 펜을 어색하게 잡으면 너무 세게 쥐어서 손목에 힘이 들어가기도 합니다. 약지와 손목이 바닥에 붙은 상태로 지나친 힘이 들어가서 세게 눌러 경직되지 않도록 합니다.
약간 흘려 쓰거나 각도를 주는 글씨를 쓸 때는 종이의 각도를 약간 주고 쓰는 것도 좋습니다.

여러분의 펜 잡는 방법과 자세는 어떤지 직접 사진을 찍어서 붙이거나 자세에 대한 진단을 해보세요. 고쳐야 할 부분은 과감히 고쳐서 바른 자세를 유지한다면 글씨가 한결 좋아질 거예요.

진단
•
•
•
•
•

손 풀기

자신에게 맞는 펜 잡는 법을 찾아 편안하고 바른 자세로 앉아 펜을 잡고, 가벼운 마음으로 손을 풀어 보세요. 글씨를 쓰기 전에 항상 선긋기를 연습하는 것이 좋습니다.

기초 선긋기   반듯하게 그을 수 있도록 연습합니다.

도형 그리기 끊김없이 선을 연결할 수 있도록 연습합니다. 원하는 방향으로 펜을 이동할 수 있도록 연습하세요.

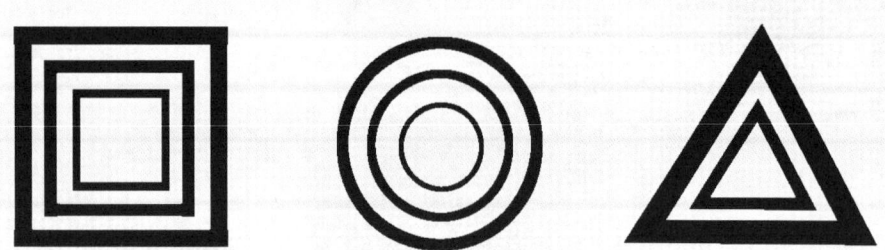

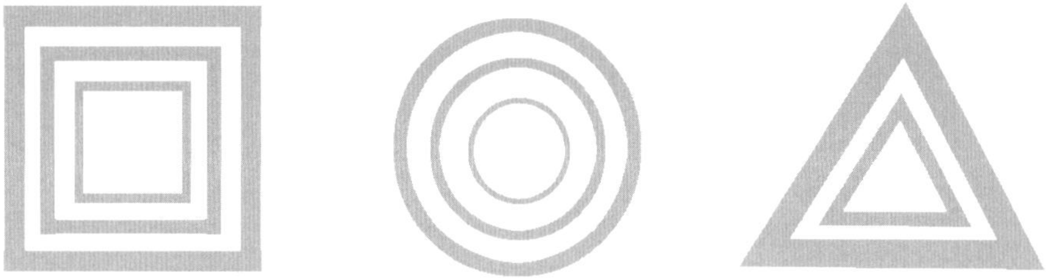

그림 그리기　지루하지 않도록 깔끔한 일러스트를 이용해서 직선, 곡선, 원형을 연습합니다. 연습한 그림은 글씨와 함께 쓰면 예뻐요.

 이 책에서는 크게 글씨를 네 가지로 나눠서 연습할 예정이에요. 서술형 시험이나 이력서 등 격식 있는 곳에서 사용이 가능한 바른 글씨 정자체, 애교 있게 사용하기 좋은 귀여운 동글동글한 귀여운 글씨, 일상생활에서 편하게 사용 가능한 흘림체, 나만의 감성을 담은 캘리그라피입니다.

정자체

꽃길만 걸어요 우리

꽃길만 걸어요 우리

꽃길만 걸어요 우리

| 또박또박 쓰는 **정자체**

꽃길만 걸어요 우리

꽃길만 걸어요 우리

꽃길만 걸어요 우리

> 동글동글 귀여운 글씨

꽃길만 걸어요 우리

꽃길만 걸어요 우리

꽃길만 걸어요 우리

흐르는 듯한 느낌의 **흘림체**

꽃길만 걸어요 우리

꽃길만 걸어요 우리

꽃길만 걸어요 우리

개성 넘치는 **캘리그라피**

꽃길만 걸어요
우리

정자체 익히기

악필을 교정하기 위해 가장 많이 연습하는 글씨입니다.

● **자음, 모음 쓰기** 초성 부분이 너무 커지지 않게 또박또박 천천히 씁니다.
　　　　　　　　모음의 앞머리 부분을 앞으로 꺾어서 통일감을 줍니다.

ㅈ	ㅈ	ㅈ	ㅈ				
ㅊ	ㅊ	ㅊ	ㅊ				
ㅋ	ㅋ	ㅋ	ㅋ				
ㅌ	ㅌ	ㅌ	ㅌ				
ㅍ	ㅍ	ㅍ	ㅍ				
ㅎ	ㅎ	ㅎ	ㅎ				
ㄲ	ㄲ	ㄲ	ㄲ				
ㄸ	ㄸ	ㄸ	ㄸ				
ㅃ	ㅃ	ㅃ	ㅃ				
ㅆ	ㅆ	ㅆ	ㅆ				
ㅉ	ㅉ	ㅉ	ㅉ				

가	가	가	가				
나	나	나	나				
다	다	다	다				
라	라	라	라				
마	마	마	마				
바	바	바	바				
사	사	사	사				
아	아	아	아				
자	자	자	자				
차	차	차	차				
카	카	카	카				

타	타	타	타				
파	파	파	파				
하	하	하	하				
까	까	까	까				
따	따	따	따				
빠	빠	빠	빠				
싸	싸	싸	싸				
짜	짜	짜	짜				
뻐	뻐	뻐	뻐				
써	써	써	써				
쩌	쩌	쩌	쩌				

가	가		타	타	
나	나		파	파	
다	다		하	하	
라	라		까	까	
마	마		따	따	
바	바		빠	빠	
사	사		싸	싸	
아	아		짜	짜	
자	자		뻐	뻐	
차	차		써	써	
카	카		쩌	쩌	

● 숫자 쓰기

1	1	1	1				
2	2	2	2				
3	3	3	3				
4	4	4	4				
5	5	5	5				
6	6	6	6				
7	7	7	7				
8	8	8	8				
9	9	9	9				
0	0	0	0				

1	1	1	1					
2	2	2	2					
3	3	3	3					
4	4	4	4					
5	5	5	5					
6	6	6	6					
7	7	7	7					
8	8	8	8					
9	9	9	9					
0	0	0	0					

● **알파벳 쓰기**   반듯한 직선을 유지하며 씁니다.

A	A	A	A				
B	B	B	B				
C	C	C	C				
D	D	D	D				
E	E	E	E				
F	F	F	F				
G	G	G	G				
H	H	H	H				
I	I	I	I				
J	J	J	J				

K	K	K	K
L	L	L	L
M	M	M	M
N	N	N	N
O	O	O	O
P	P	P	P
Q	Q	Q	Q
R	R	R	R
S	S	S	S
T	T	T	T

U	U	U	U				
V	V	V	V				
W	W	W	W				
X	X	X	X				
Y	Y	Y	Y				
Z	Z	Z	Z				
A	A	A	A				
B	B	B	B				
C	C	C	C				
D	D	D	D				

a	a	a	a					
b	b	b	b					
c	c	c	c					
d	d	d	d					
e	e	e	e					
f	f	f	f					
g	g	g	g					
h	h	h	h					
i	i	i	i					
j	j	j	j					

k	k	k	k			
l	l	l	l			
m	m	m	m			
n	n	n	n			
o	o	o	o			
p	p	p	p			
q	q	q	q			
r	r	r	r			
s	s	s	s			
t	t	t	t			

u	u	u	u
v	v	v	v
w	w	w	w
x	x	x	x
y	y	y	y
z	z	z	z
a	a	a	a
b	b	b	b
c	c	c	c
d	d	d	d

A	A	A	A
B	B	B	B
C	C	C	C
D	D	D	D
E	E	E	E
F	F	F	F
G	G	G	G
H	H	H	H
I	I	I	I
J	J	J	J

K	K	K	K
L	L	L	L
M	M	M	M
N	N	N	N
O	O	O	O
P	P	P	P
Q	Q	Q	Q
R	R	R	R
S	S	S	S
T	T	T	T

U	U	U	U
V	V	V	V
W	W	W	W
X	X	X	X
Y	Y	Y	Y
Z	Z	Z	Z
A	A	A	A
B	B	B	B
C	C	C	C
D	D	D	D

a	a	a	a			
b	b	b	b			
c	c	c	c			
d	d	d	d			
e	e	e	e			
f	f	f	f			
g	g	g	g			
h	h	h	h			
i	i	i	i			
j	j	j	j			

k	k	k	k				
l	l	l	l				
m	m	m	m				
n	n	n	n				
o	o	o	o				
p	p	p	p				
q	q	q	q				
r	r	r	r				
s	s	s	s				
t	t	t	t				

v	v	v	v
w	w	w	w
x	x	x	x
y	y	y	y
z	z	z	z
a	a	a	a
b	b	b	b
c	c	c	c
d	d	d	d
e	e	e	e

- **단어 쓰기** 글자 사이가 너무 벌어지지 않게 씁니다.
  띄어쓰기는 글자 한 개보다 더 커지지 않게 씁니다.

지붕	이름	하늘	표정
지붕	이름	하늘	표정

편안한	휴식	공간
편안한	휴식	공간
변화하는	일상	행복
변화하는	일상	행복

쉼표	여행	당신	인생
쉼표	여행	당신	인생

빛나는 별	최고의 순간
빛나는 별	최고의 순간
잠이 오지 않는 밤	고마운 사람
잠이 오지 않는 밤	고마운 사람

● **문장 쓰기** 글자의 중심축에서 너무 벗어나지 않게 씁니다.

이해해 주세요.

잘하고 있나요.

지금 자유로워라.

앞으로가 더 기대된다.

함께 성장하는 중이다.

감사합니다

다녀와서 만나요

아름다운 사람입니다

항상 너를 응원할게

활짝 피어날 거예요

- **겹받침, 쌍받침 쓰기** 좁은 공간에 두 개의 받침이 들어가기 때문에 동일한 크기로 받침을 쓸 수 있도록 주의합니다.

책을 읽다.

무거운 짐을 옮기다.

새해가 밝았습니다.

고양이는 서로 핥아준다.

닭이 알을 낳았습니다.

닮은 사람

책을 읽다

이제 괜찮아

떡볶이 먹을까

의지가 꺾이다

귀여운 글씨 익히기

생활 글씨로 사용이 가능한 귀여운 느낌의 글씨입니다. 앞부분을 크게 쓰고 곡선이 많아서 동글동글한 느낌이 듭니다. 편지나 간단한 메모에 좋습니다.

● **자음, 모음 쓰기** 모음 부분에는 곡선이 있습니다. 웃는 듯 밝고 긍정적인 느낌으로 글씨를 씁니다.

가	가	가	가			
나	나	나	나			
다	다	다	다			
라	라	라	라			
마	마	마	마			
바	바	바	바			
사	사	사	사			
아	아	아	아			

자	자	자	자					
차	차	차	차					
카	카	카	카					
타	타	타	타					
파	파	파	파					
하	하	하	하					
까	까	까	까					
따	따	따	따					
빠	빠	빠	빠					
싸	싸	싸	싸					

● 숫자 쓰기

1	1	1	1				
2	2	2	2				
3	3	3	3				
4	4	4	4				
5	5	5	5				
6	6	6	6				
7	7	7	7				
8	8	8	8				
9	9	9	9				
0	0	0	0				

● 알파벳 쓰기

A	A	A	A				
B	B	B	B				
C	C	C	C				
D	D	D	D				
E	E	E	E				
F	F	F	F				
G	G	G	G				
H	H	H	H				
I	I	I	I				
J	J	J	J				

K	K	K	K				
L	L	L	L				
M	M	M	M				
N	N	N	N				
O	O	O	O				
P	P	P	P				
Q	Q	Q	Q				
R	R	R	R				
S	S	S	S				
T	T	T	T				

U	U	U	U
V	V	V	V
W	W	W	W
X	X	X	X
Y	Y	Y	Y
Z	Z	Z	Z
A	A	A	A
B	B	B	B
C	C	C	C
D	D	D	D

a	a	a	a				
b	b	b	b				
c	c	c	c				
d	d	d	d				
e	e	e	e				
f	f	f	f				
g	g	g	g				
h	h	h	h				
i	i	i	i				
j	j	j	j				

k	k	k	k				
l	l	l	l				
m	m	m	m				
n	n	n	n				
o	o	o	o				
p	p	p	p				
q	q	q	q				
r	r	r	r				
s	s	s	s				
t	t	t	t				

u	u	u	u				
v	v	v	v				
w	w	w	w				
x	x	x	x				
y	y	y	y				
z	z	z	z				
a	a	a	a				
b	b	b	b				
c	c	c	c				
d	d	d	d				

- **단어 쓰기** 둥근 글씨에는 곡선이 들어가기 때문에 쓰다가 자칫 'ㄹ'과 같은 받침이 붙을 수 있습니다. 주의하면서 천천히 씁니다.

기적	여행	식물	취미
기적	여행	식물	취미
기적	여행	식물	취미
기적	여행	식물	취미

반짝일 나	따뜻한 시선
반짝일 나	따뜻한 시선
소소한 하루	나이가 주는 선물
소소한 하루	나이가 주는 선물

● 문장 쓰기

사랑합니다

수고했어 오늘도

웃는 모습이 예뻐요

앞으로 잘 부탁드려요

나에게 집중할 시간입니다

● **겹받침, 쌍받침 쓰기** 모음의 왼쪽이나 오른쪽으로 삐져나온 받침은 받침을 돋보이게 합니다. 둥근 획의 겹받침과 쌍받침은 모음보다 커지지 않도록 주의하세요.

흠집

리본 묶어줘

짐을 옮기다

이제 괜찮아

붉게 물드는 저녁

흘림체 익히기

빠르게 쓸 때 사용하면 좋은 글씨입니다. 흘려서 쓰더라도 보는 사람이 읽을 수 있도록 가독성을 높여서 쓰는 것이 중요합니다. 연결해서 한 번에 쓰는 획이 많기 때문에 앞서 연습한 도형을 연결해서 그리는 것이 도움이 됩니다. 두께감 조절이 되는 펜을 사용하면 눈에 더 잘 들어오게 표현할 수 있어요.

● 자음, 모음 쓰기

가	가	가	가				
나	나	나	나				
다	다	다	다				
라	라	라	라				
마	마	마	마				
바	바	바	바				
사	사	사	사				
아	아	아	아				

자	자	자	자				
차	차	차	차				
카	카	카	카				
타	타	타	타				
파	파	파	파				
하	하	하	하				
까	까	까	까				
따	따	따	따				
빠	빠	빠	빠				
싸	싸	싸	싸				

● 숫자 쓰기

1	1	1	1				
2	2	2	2				
3	3	3	3				
4	4	4	4				
5	5	5	5				
6	6	6	6				
7	7	7	7				
8	8	8	8				
9	9	9	9				
0	0	0	0				

● 알파벳 쓰기

A	A	A	A
B	B	B	B
C	C	C	C
D	D	D	D
E	E	E	E
F	F	F	F
G	G	G	G
H	H	H	H
I	I	I	I
J	J	J	J

K	K	K	K
L	L	L	L
M	M	M	M
N	N	N	N
O	O	O	O
P	P	P	P
Q	Q	Q	Q
R	R	R	R
S	S	S	S
T	T	T	T

U	U	U	U					
V	V	V	V					
W	W	W	W					
X	X	X	X					
Y	Y	Y	Y					
Z	Z	Z	Z					
A	A	A	A					
B	B	B	B					
C	C	C	C					
D	D	D	D					

a a a a

b b b b

c c c c

d d d d

e e e e

f f f f

g g g g

h h h h

i i i i

j j j j

k	k	k	k				
l	l	l	l				
m	m	m	m				
n	n	n	n				
o	o	o	o				
p	p	p	p				
q	q	q	q				
r	r	r	r				
s	s	s	s				
t	t	t	t				

u	u	u	u				
v	v	v	v				
w	w	w	w				
x	x	x	x				
y	y	y	y				
z	z	z	z				
a	a	a	a				
b	b	b	b				
c	c	c	c				
d	d	d	d				

● 단어 쓰기

결혼	낮잠	사람	액자
결혼	낮잠	사람	액자
결혼	낮잠	사람	액자
결혼	낮잠	사람	액자

그럼에도 불구하고	차 한 잔의 여유
그럼에도 불구하고	차 한 잔의 여유
고요한 시간	햇살 좋은 날
고요한 시간	햇살 좋은 날

● **문장 쓰기** 강조하고 있는 단어가 있더라도 중심축에 글자가 잘 맞는지 확인하면서 씁니다.

다 잘 될거야

항상 고맙습니다

친구야 보고싶다

정말 멋진 일이야

우리 만나서 차 한 잔해요

- **겹받침, 쌍받침 쓰기** 흘려 쓰는 글씨 역시 겹받침이나 쌍받침의 크기에 유의합니다. 특히 흘려 쓸 때 쌍받침이나 겹받침을 이어서 쓰면 읽기가 어렵기 때문에 가독성에 유의하면서 씁니다.

밝은 사람

얇게 입다

물기를 닦다

이제 괜찮아

오늘이 가장 젊다

PART 03

하루 한 장,
손글씨

DAY 01 정자체로 쓰기

앞서 연습한 정자체의 기본을 생각하면서 반듯한 글씨가 될 수 있도록 합니다.
글자의 중심을 맞춰서 쓰면 안정적으로 보입니다.

기쁨이 가득한 마음

기쁨이 가득한 마음

기쁨이 가득한 마음

가꾸어 나가는 삶

가꾸어 나가는 삶

가꾸어 나가는 삶

우리만의 특별한 공간

우리만의 특별한 공간

우리만의 특별한 공간

걸음마다 좋은 일만 가득하길

걸음마다 좋은 일만 가득하길

걸음마다 좋은 일만 가득하길

DAY 02 정자체로 쓰기

바른 글씨는 띄어쓰기에 유의합니다. 보는 사람이 읽기 편하게 띄어쓰기를 해주세요.

사랑으로 이루지 못할 것은 없어.

사랑으로 이루지 못할 것은 없어.

사랑으로 이루지 못할 것은 없어.

DAY 03 정자체로 쓰기

바른 자세를 유지하면서 씁니다. 종이를 반듯하게 놓고 쓰세요.

인생은 모두 함께하는 여행이다.

인생은 모두 함께하는 여행이다.

인생은 모두 함께하는 여행이다.

DAY 04 정자체로 쓰기

벌써 자세가 이상해진 것은 아니죠? 바른 자세에 신경 쓰면서 써보세요.

천릿길도 한 걸음부터 시작된다.

천릿길도 한 걸음부터 시작된다.

천릿길도 한 걸음부터 시작된다.

DAY 05 정자체로 쓰기

글귀가 길어질수록 끝까지 반듯하게 쓰는 것이 어렵죠? 차분하고 천천히 쓰세요.

언제나 더 나은 방법은 있기 마련이다.

언제나 더 나은 방법은 있기 마련이다.

언제나 더 나은 방법은 있기 마련이다.

DAY 06 정자체로 쓰기

두 줄로 나눠서 쓸 때는 행간을 염두에 두고 쓰세요.

웃어라.
온 세상이 너와 함께 웃을 것이다.

웃어라.
온 세상이 너와 함께 웃을 것이다.

웃어라.
온 세상이 너와 함께 웃을 것이다.

DAY 07 정자체로 쓰기

'유유히'처럼 같은 글자가 반복될 때는 두 글자가 달라지지 않도록 유의하세요.

나 역시도 근심 없이 혼자 유유히
살고 있는 것처럼 보일지도 모른다.

나 역시도 근심 없이 혼자 유유히
살고 있는 것처럼 보일지도 모른다.

나 역시도 근심 없이 혼자 유유히
살고 있는 것처럼 보일지도 모른다.

DAY 08 정자체로 쓰기 _ 김영랑 〈모란이 피기까지는〉

모란이 피기까지는
나는 아직 기다리고 있을 테요.
찬란한 슬픔의 봄을.

모란이 피기까지는
나는 아직 기다리고 있을 테요.
찬란한 슬픔의 봄을.

모란이 피기까지는
나는 아직 기다리고 있을 테요.
찬란한 슬픔의 봄을.

DAY 09 정자체로 쓰기 _ 윤동주 〈바람이 불어〉

'없'의 받침에 주의하며 다른 글자보다 커지지 않도록 합니다.

바람이 어디로부터 불어와
어디로 불려 가는 것일까
바람이 부는데
내 괴로움에는 이유가 없다.
내 괴로움에는 이유가 없을까.

바람이 어디로부터 불어와
어디로 불려 가는 것일까
바람이 부는데
내 괴로움에는 이유가 없다.
내 괴로움에는 이유가 없을까.

> **DAY 10** **정자체로 쓰기** _ 라이너 마리아 릴케 〈엄숙한 시간〉

'까닭'이라는 글자가 생각보다 어렵죠?

지금 이 세상 어디선가 울고 있는 사람은,
이 세상에서 까닭 없이 울고 있는 그 사람은
나를 위해 울고 있다.
지금 한밤중에 어디선가 웃고 있는 사람은,
한밤중에 까닭 없이 웃고 있는 그 사람은
나를 두고 웃고 있다.

 **DAY 11** 바른 글씨로 한 줄 쓰기

두께감 있는 펜을 사용해서 쓰는 것도 좋아요.

있는 그대로 참 좋다

있는 그대로 참 좋다

있는 그대로 참 좋다

오늘 하루도 수고했어요

오늘 하루도 수고했어요

오늘 하루도 수고했어요

곁에 있어줘서 고마워요
곁에 있어줘서 고마워요
곁에 있어줘서 고마워요

힘내라는 말 대신 손잡아 주세요
힘내라는 말 대신 손잡아 주세요
힘내라는 말 대신 손잡아 주세요

 **바른 글씨로 두 줄 쓰기**

가독성을 해치지 않는 선에서 자간을 조금 좁혀서 쓰는 것도 좋습니다.

사랑하라
한번도 상처받지 않은 것

사랑하라
한번도 상처받지 않은 것

사랑하라
한번도 상처받지 않은 것

DAY 13 바른 글씨로 두 줄 쓰기

'예쁘다'가 가로로 넓어지지 않도록 주의하세요.

오래보아야 예쁘다
너도 그렇다

오래보아야 예쁘다
너도 그렇다

오래보아야 예쁘다
너도 그렇다

 **바른 글씨로 두 줄 쓰기**

띄어쓰기에 유의하면서 씁니다.

아무것도 하지 않으면
아무일도 일어나지 않는다

아무것도 하지 않으면
아무일도 일어나지 않는다

아무것도 하지 않으면
아무일도 일어나지 않는다

DAY 15 | 바른 글씨로 가운데 정렬하기

가운데 정렬은 왼쪽 정렬만큼 일상에서 많이 사용해요.

나는
잘하고 있습니다

나는
잘하고 있습니다

나는
잘하고 있습니다

DAY 16 바른 글씨로 가운데 정렬하기

세 줄을 쓸 때는 가운데에 있는 글자가 샌드위치처럼 위아래에서 눌리는 느낌이 들지 않도록 행간에 주의합니다.

인생에서
너무
늦은 때란 없습니다

인생에서
너무
늦은 때란 없습니다

인생에서
너무
늦은 때란 없습니다

DAY 17 바른 글씨로 계단식 쓰기

두 번째 줄이 안쪽으로 들어가서 시작해요. 예문보다 더 안쪽으로 들어가도 좋아요.

못 가본 길이
　　더 아름답다

못 가본 길이
　　더 아름답다

못 가본 길이
　　더 아름답다

DAY 18 바른 글씨로 계단식 쓰기

당신을
　존경합니다
　　사랑합니다

당신을
　존경합니다
　　사랑합니다

당신을
　존경합니다
　　사랑합니다

 **바른 글씨로 장문 쓰기** _ 윤동주 〈서시〉

장문을 쓸 때는 처음과 끝의 글씨가 동일하도록 천천히 쓰세요.

별을 노래하는 마음으로
모든 죽어가는 것을 사랑해야지
그리고 나에게 주어진 길을
걸어가야겠다

오늘도 별이 바람에 스치운다

별을 노래하는 마음으로
모든 죽어가는 것을 사랑해야지
그리고 나에게 주어진 길을
걸어가야겠다

오늘도 별이 바람에 스치운다

DAY 20 바른 글씨로 장문 쓰기 _ 한용운 〈당신을 사랑합니다〉

문장의 정렬을 생각하며 써보세요.

사랑하는 사람 앞에서는
사랑한다는 말을 안 합니다.
아니하는것이 아니라
못하는 것이 사랑의 진실입니다

주기만 하는 사랑이라 지치지 말고
더 많이 줄 수 없음을 아파하고

남과 함께 한다고 질투하지 않고
그의 기쁨이라 여겨 함께 기뻐할줄 알고

깨끗한 사랑으로 오래 기억할수 있는
나 당신을 그렇게 사랑합니다

DAY 21 귀여운 글씨로 한 줄 쓰기

귀여운 글씨는 볼펜, 연필, 붓펜 등 어떤 도구를 이용해도 좋아요.

밥 잘 챙겨 먹고 다녀

밥 잘 챙겨 먹고 다녀

밥 잘 챙겨 먹고 다녀

따뜻한 일상의 조각들

따뜻한 일상의 조각들

따뜻한 일상의 조각들

재촉하지 않아도 피는 봄꽃

재촉하지 않아도 피는 봄꽃

재촉하지 않아도 피는 봄꽃

하루 끝에 당신이 있어 다행이다

하루 끝에 당신이 있어 다행이다

하루 끝에 당신이 있어 다행이다

 **귀여운 글씨로 두 줄 쓰기**

앞서 연습한 정자체의 직선과 헷갈리지 않도록 주의하세요.

처음이니까
그럴수 있어

처음이니까
그럴수 있어

처음이니까
그럴수 있어

DAY 23 귀여운 글씨로 두 줄 쓰기

귀여운 글씨는 곡선이 많아서 '을' '를'과 같은 'ㄹ'이 붙지 않도록 주의하세요.

가장 어두운 밤도 끝날것이다
그리고 태양은 떠오를 것이다

가장 어두운 밤도 끝날것이다
그리고 태양은 떠오를 것이다

가장 어두운 밤도 끝날것이다
그리고 태양은 떠오를 것이다

 **DAY 24** 귀여운 글씨로 가운데 정렬하기

아기자기한 느낌으로 가운데 정렬을 해요.

평범하지만
눈부셨던 순간들

평범하지만
눈부셨던 순간들

평범하지만
눈부셨던 순간들

 **귀여운 글씨로 가운데 정렬하기**

글귀의 문맥에 따라 어떻게 두 줄을 나눌 것인지 고민해 보세요.

피할 수 없으면
즐겨라

 **귀여운 글씨로 계단식 쓰기**

귀여운 글씨는 다이어리 꾸미기를 하는 데 유용해요.

내가 하는 일
　가슴설레는 일

내가 하는 일
　가슴설레는 일

내가 하는 일
　가슴설레는 일

> DAY 27 **귀여운 글씨로 계단식 쓰기**

꿈의 'ㄲ'에 유의하면서 쓰세요.

내가 꿈을 이루면
　난 다시 누군가의 꿈이 된다

내가 꿈을 이루면
　난 다시 누군가의 꿈이 된다

내가 꿈을 이루면
　난 다시 누군가의 꿈이 된다

DAY 28 귀여운 글씨로 장문 쓰기

오른쪽 글자의 수가 적어서 글자 크기가 커지거나 작아지지 않도록 주의하세요.

당신에게 가장 중요한 때는 지금 현재이며
당신에게 가장 중요한 일은 지금 하는 일이며
당신에게 가장 중요한 사람은
지금 만나고 있는 사람이다

당신에게 가장 중요한 때는 지금 현재이며
당신에게 가장 중요한 일은 지금 하는 일이며
당신에게 가장 중요한 사람은
지금 만나고 있는 사람이다

 **귀여운 글씨로 장문 쓰기** _한용운 〈침묵〉

장문을 쓸 때는 항상 글자가 위로 올라가거나 내려가지 않았는지 확인하세요.

우리는 만날 때에 떠날 것을 염려하는 것과 같이
떠날 때에 다시 만날 것을 믿습니다
아아 님은 갔지만 나는 님을 보내지 아니하였습니다

우리는 만날 때에 떠날 것을 염려하는 것과 같이
떠날 때에 다시 만날 것을 믿습니다
아아 님은 갔지만 나는 님을 보내지 아니하였습니다

DAY 30 귀여운 글씨로 장문 쓰기 _윤동주 〈별 헤는 밤〉

장문은 항상 천천히 씁니다. '별' 그림을 넣어도 좋아요.

별 하나에 추억과
별 하나에 사랑과
별 하나에 쓸쓸함과
별 하나에 시와
별 하나에 어머니, 어머니

별 하나에 추억과
별 하나에 사랑과
별 하나에 쓸쓸함과
별 하나에 시와
별 하나에 어머니, 어머니

DAY 31 흘려 쓰는 글자로 한 줄 쓰기

흘려 쓰는 글자는 항상 가독성에 주의하세요. 만년필, 볼펜으로 쓰면 좋아요.

어제 보다 나은 내일

어제 보다 나은 내일

어제 보다 나은 내일

행복을 꿈꾸는 사람들

행복을 꿈꾸는 사람들

행복을 꿈꾸는 사람들

서로 아끼고 사랑하자

서로 아끼고 사랑하자

서로 아끼고 사랑하자

무지개를 보고 싶다면 비를 견뎌야 한다

무지개를 보고 싶다면 비를 견뎌야 한다

무지개를 보고 싶다면 비를 견뎌야 한다

DAY 32 흘려 쓰는 글자로 두 줄 쓰기

'면'의 연결 부분에 주의하세요.

오늘 걷지 않으면
내일 뛰어야 한다

DAY 33 흘려 쓰는 글자로 두 줄 쓰기

'요'의 연결 부분에 주의하세요.

아낌없이 주는
나무가 되어줄게요

DAY 34 흘려 쓰는 글자로 가운데 정렬하기

가운데 정렬을 할 때는 행간이 중요해요.
첫 줄의 '이 밤이'는 '밤'만 다른 형태의 글자라서 줄이 없는 종이에 쓸 때는 강조를 하는 것도 좋아요.

이 밤이
너무 신나고 근사해요

이 밤이
너무 신나고 근사해요

이 밤이
너무 신나고 근사해요

DAY 35 흘려 쓰는 글자로 가운데 정렬하기

'열'의 연결 부분에 주의하세요. 연결을 잘못하면 자칫 다른 글자처럼 보일 수 있어요.

긍정과 열정으론
무한도전

DAY 36 흘려 쓰는 글자로 가운데 정렬하기

흘려 쓰는 글자의 'ㄹ'은 어색하지 않게 흐르는 느낌으로 많은 연습을 해보세요.

위로받고싶은
오늘

DAY 37 흘려 쓰는 글자로 계단식 쓰기

계단식 글자는 왼쪽이나 가운데 정렬보다 정렬을 조금 더 자유롭게 사용할 수 있어서 초보자가 쉽게 연습할 수 있어요.

첫 눈 오면
눈사람 만들까

DAY 38 흘려 쓰는 글자로 계단식 쓰기

'ㄹ'에 주의하며 가독성을 생각하며 천천히 씁니다.

명랑하고 유쾌한 마음으로
인생의 길을 걸어라

명랑하고 유쾌한 마음으로
인생의 길을 걸어라

명랑하고 유쾌한 마음으로
인생의 길을 걸어라

DAY 39 흘려 쓰는 글자로 장문쓰기 _ 윤동주 〈눈오는 지도〉

가독성이 떨어져 지렁이처럼 보이지 않도록 천천히 씁니다.

눈이 녹으면 남은 발자욱 자리마다
꽃이 피리니 꽃사이로 발자욱을 찾아 나서면
일년 열두달 하냥 내 마음에는 눈이 나리리라

눈이 녹으면 남은 발자욱 자리마다
꽃이 피리니 꽃사이로 발자욱을 찾아 나서면
일년 열두달 하냥 내 마음에는 눈이 나리리라

DAY 40 흘려 쓰는 글자로 장문쓰기 _ 한용운 〈행복〉

가독성과 정렬을 생각하며 천천히 씁니다. 붓펜을 이용하면 좋아요.

나는 당신을 사랑하고, 당신의 행복을 사랑합니다
나는 온 세상 사람이 당신을 사랑하고
당신의 행복을 사랑하기를 바랍니다
그러나 정말로 당신을 사랑하는 사람이 있다면
나는 그 사람을 미워하겠습니다
그 사람을 미워하는 것은 당신을 사랑하는 마음의
한 부분입니다.

DAY 41 | 행복이 두둥실 떠오르는 느낌의 풍선 아래에
또박또박한 느낌의 글자를 활용해서 써보세요.

좋은 하루 보내세요

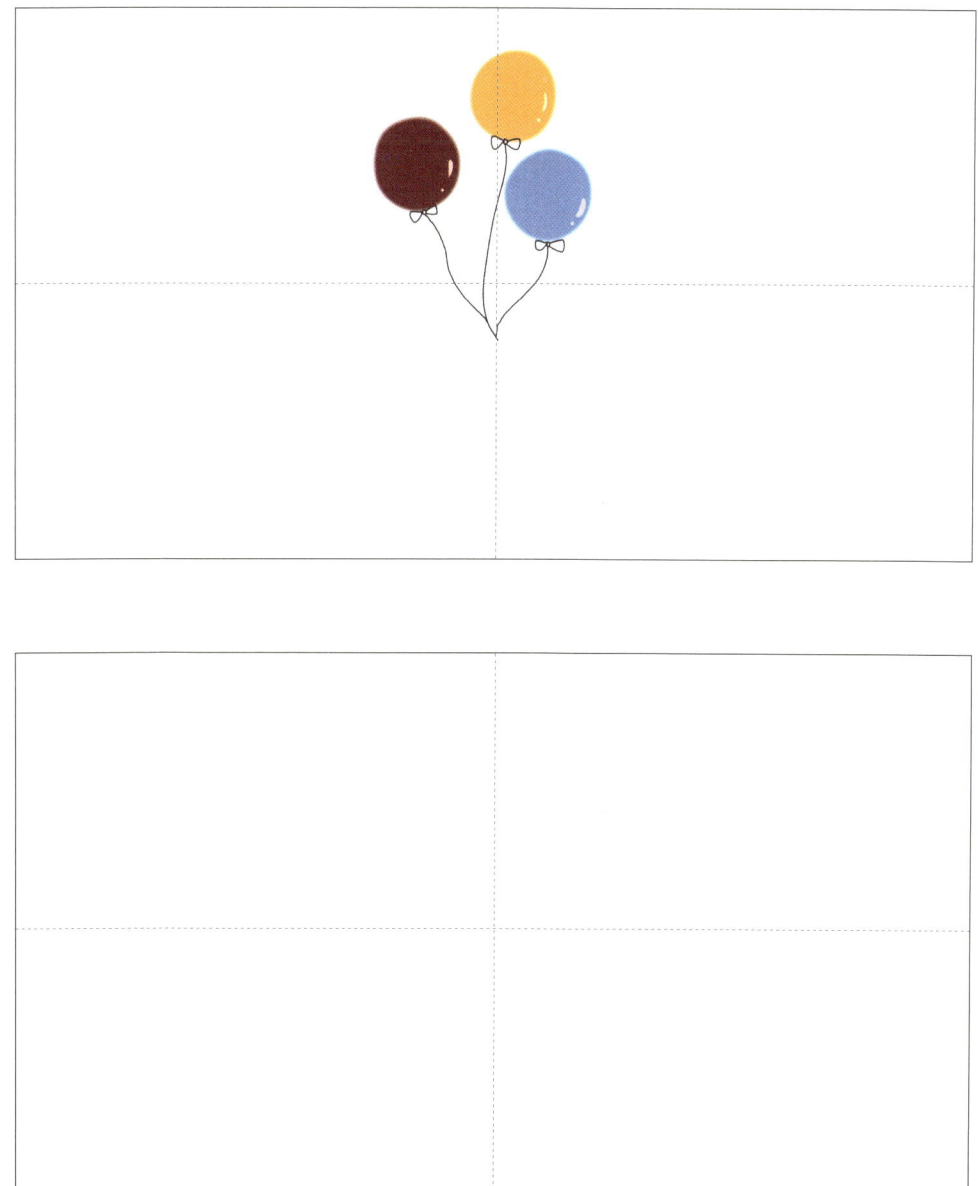

DAY 42 꿈이라는 글자가 더 빛나도록
글자 옆에 별 이미지가 들어가 있어요.

꿈은
이루어진다

꿈은
이루어진다

DAY 43 서로를 위로하는 느낌의 일러스트 옆에 동글동글하게 썼어요.
소중한 사람에게 마음을 담아서 써보세요.

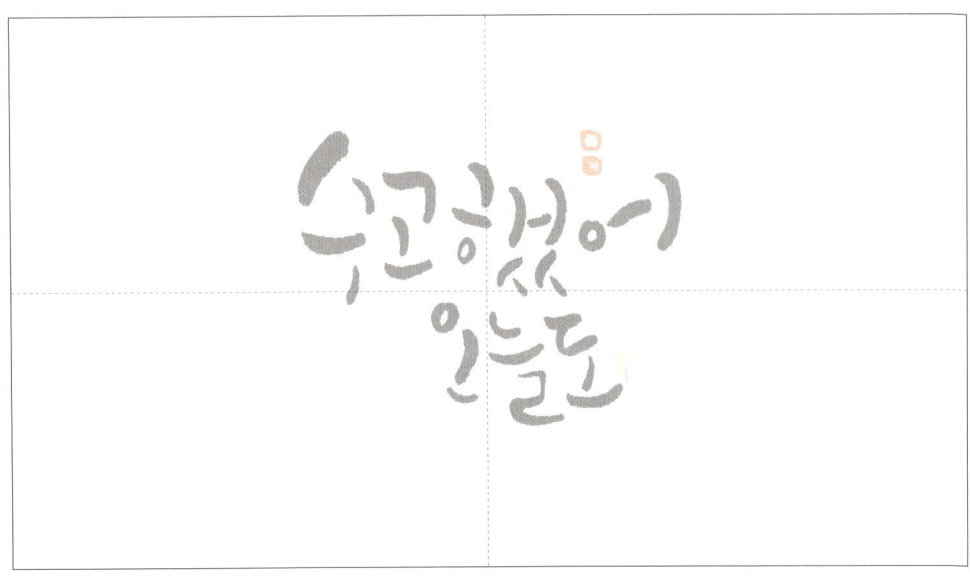

>  **DAY 44** 귀여운 케이크 아래에 쓰는 글씨
> 영어와 한글로 생일 축하의 마음을 가득 담아 써보세요.

Happy ♡
Birthday

♡생일 축하해

Happy ♡
Birthday

♡생일 축하해

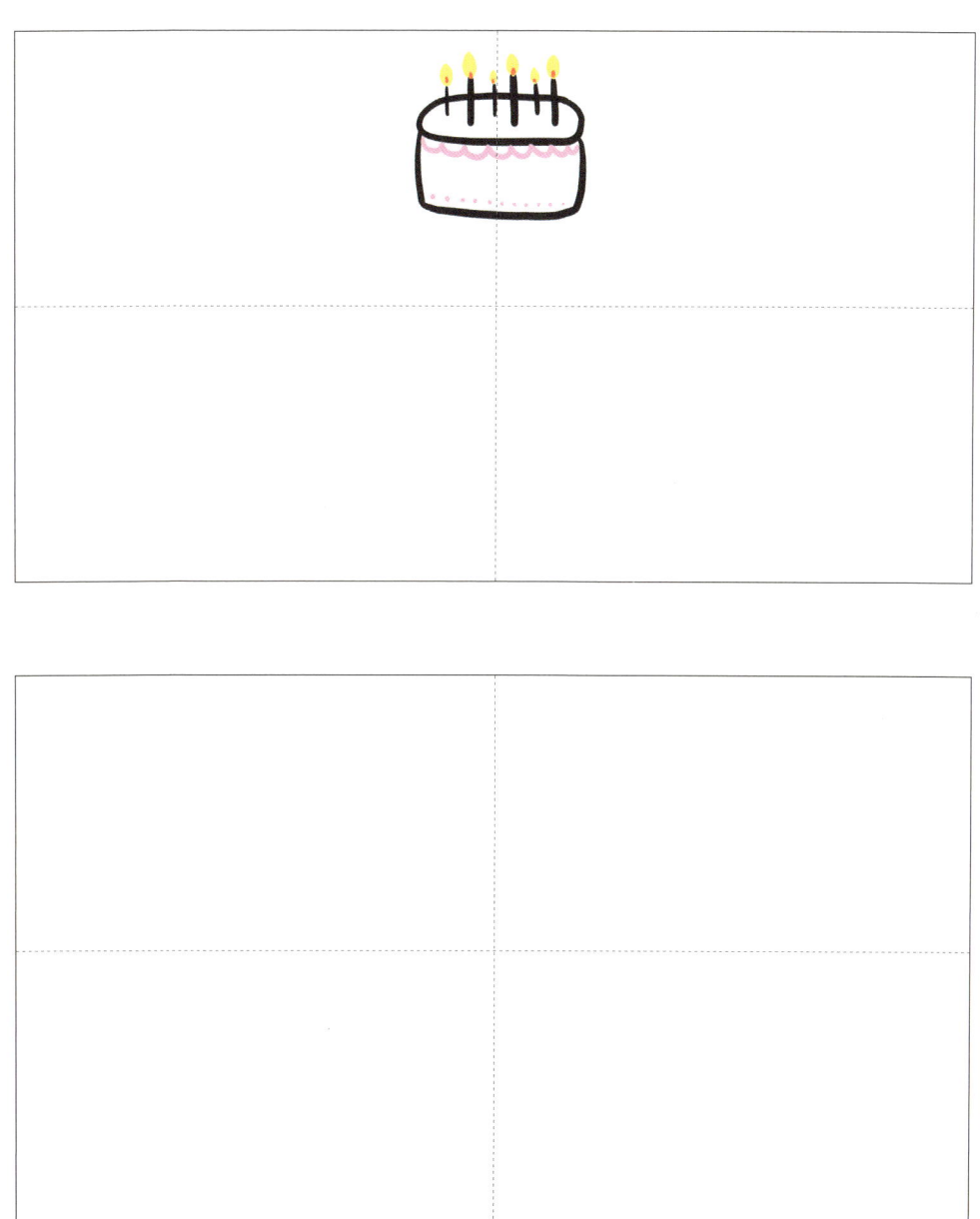

DAY 45 예쁜 아기를 기다리는 엄마 아빠의 태교일기에 쓰면 좋은 글을 뱃속의 아기를 생각하면서 행복한 마음으로 써보세요.

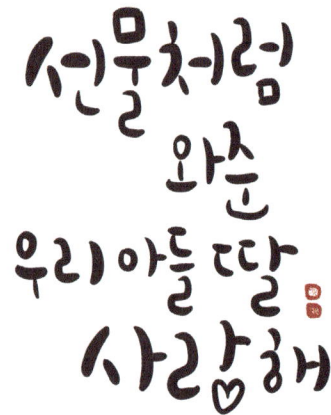 

선물처럼
와준
우리아들딸
사랑해

DAY 46 활기찬 새해 인사를 손글씨로 써보세요.

바라는 모든 것들이
이루어지는 한해

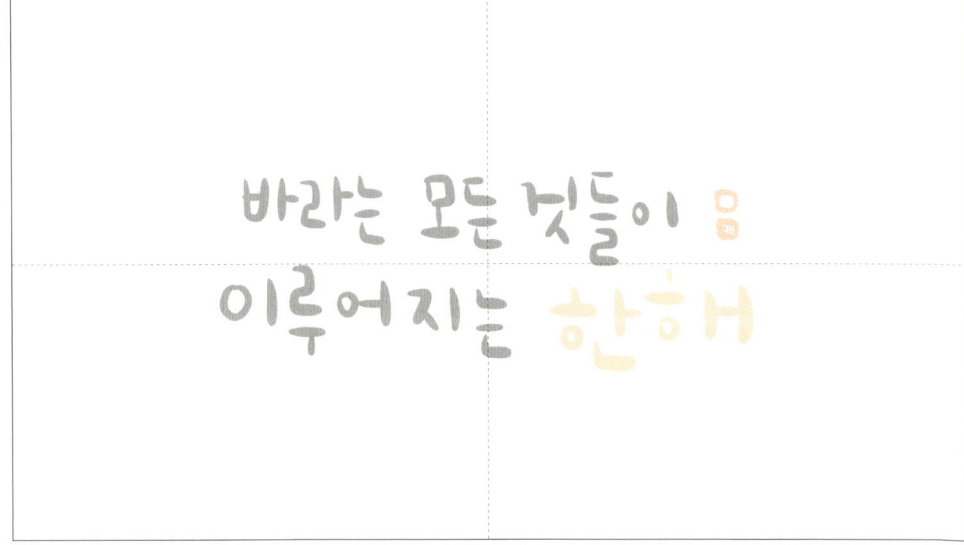

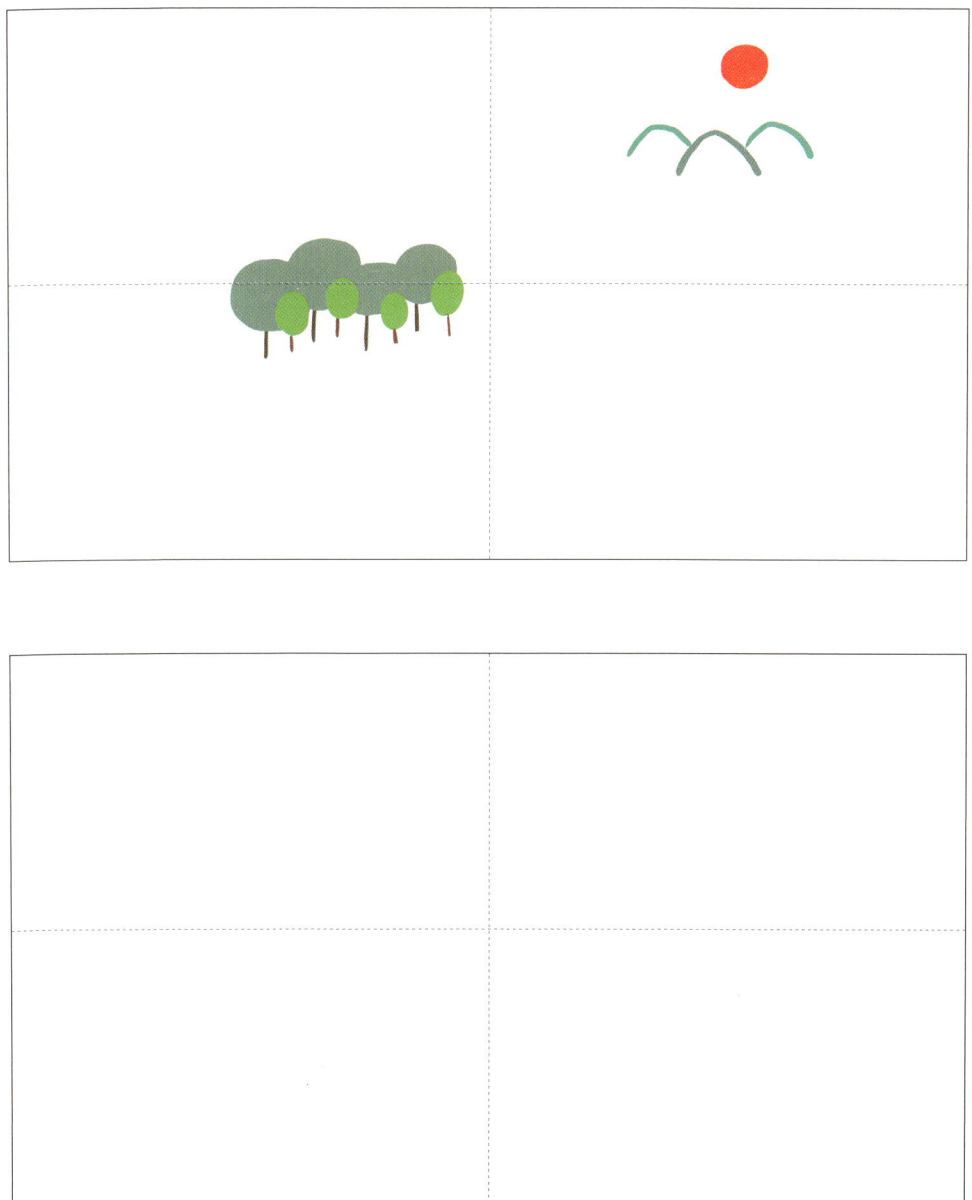

DAY 47 빨간 꽃과 함께 열정적인 오늘을 위해 손글씨를 써보세요.

내일의 모든 꽃은
오늘의 씨앗에 근거한 것이다

내일의 모든 꽃은
오늘의 씨앗에 근거한 것이다

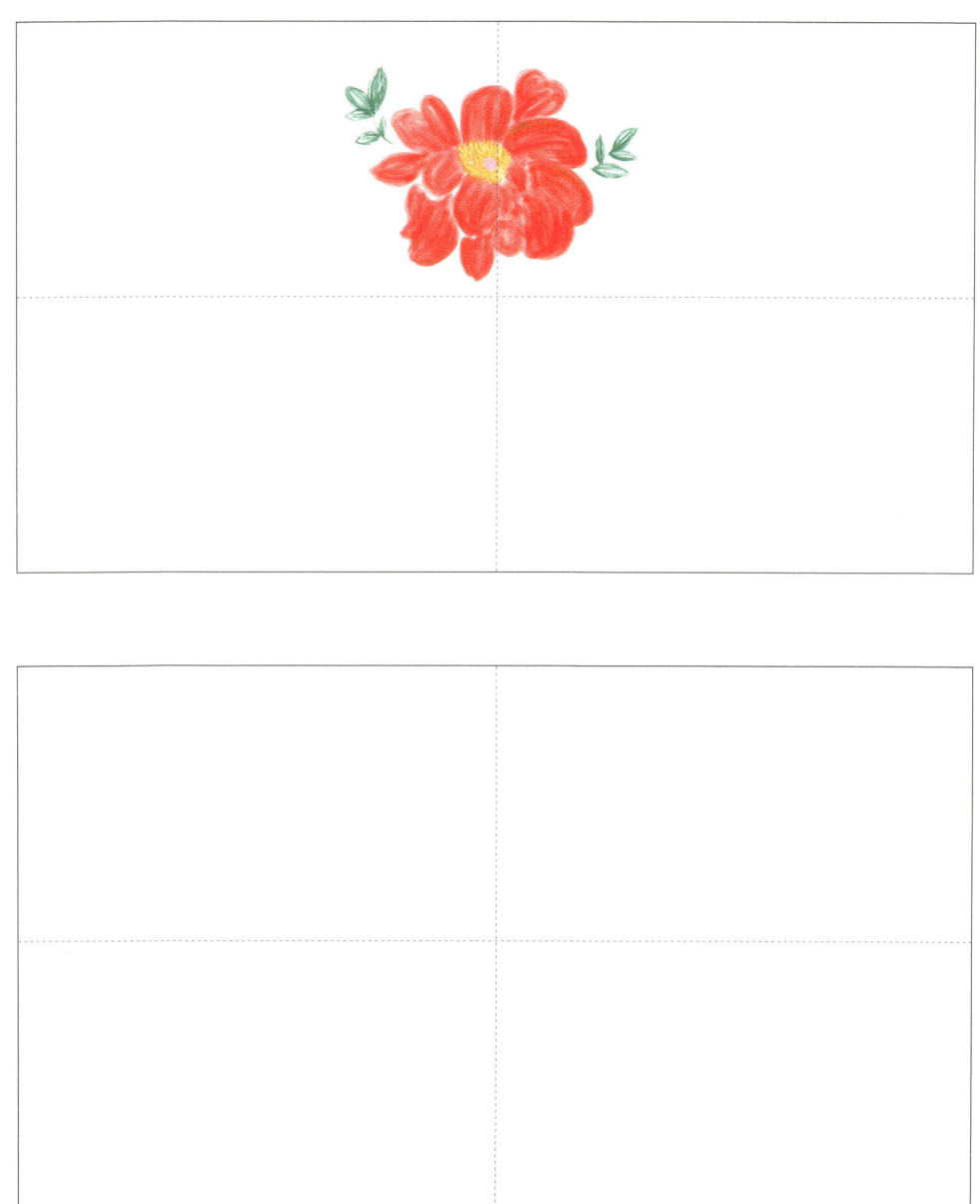

 DAY 48 글자의 구도를 꽃이 피어나는 느낌으로 썼어요.
띄어쓰기가 예쁜 글씨를 써보세요.

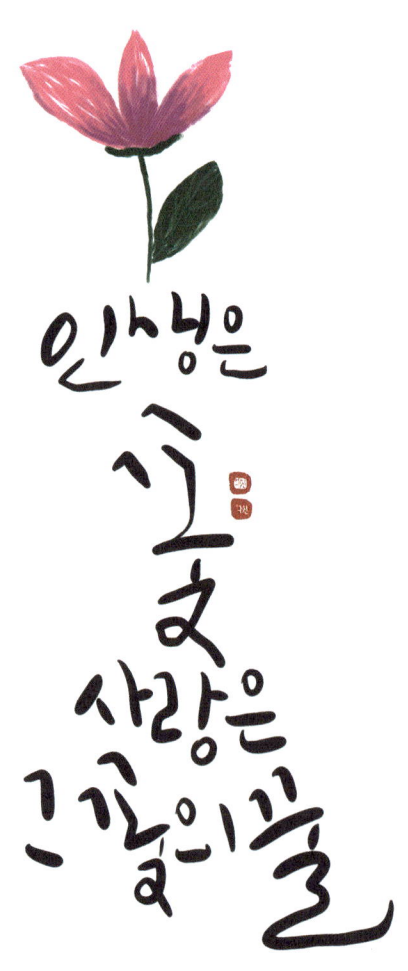

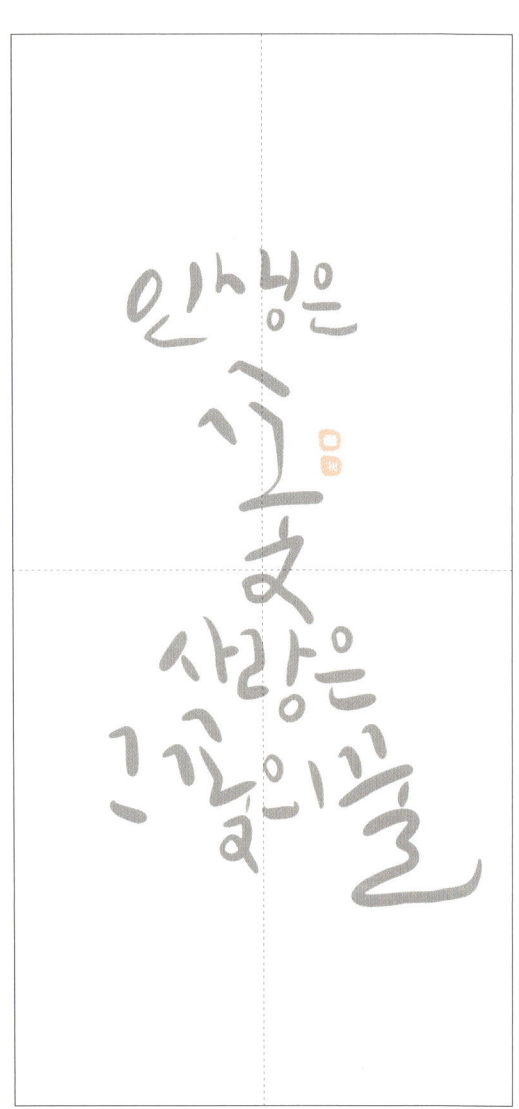

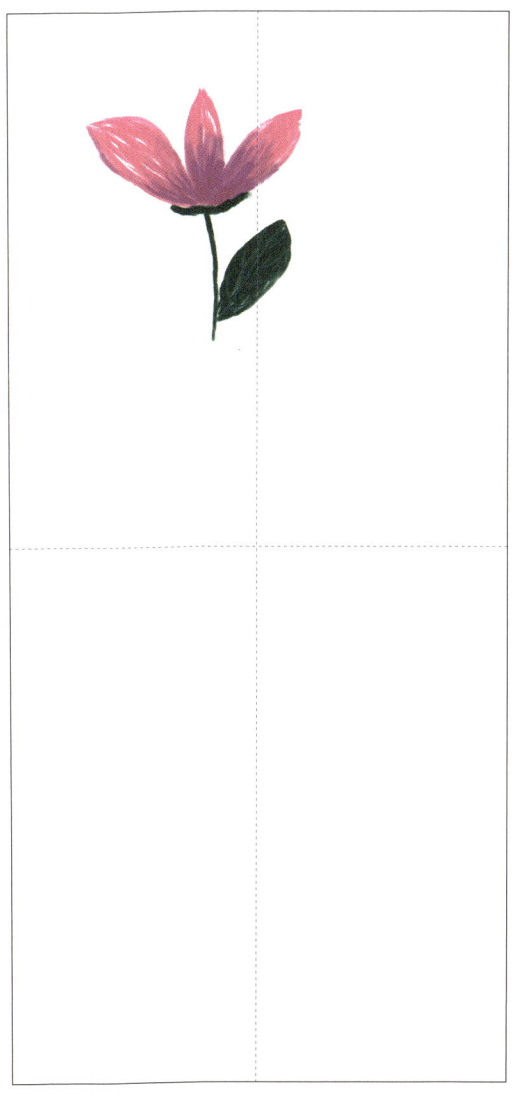

DAY 49 꽃과 풀은 어떤 글과도 잘 어울려요.
이미지 사이에 손글씨를 예쁘게 써보세요.

 DAY 50　꽃이라는 글자만 다른 컬러로 써보세요.
컬러가 주는 생동감을 느낄 수 있어요.

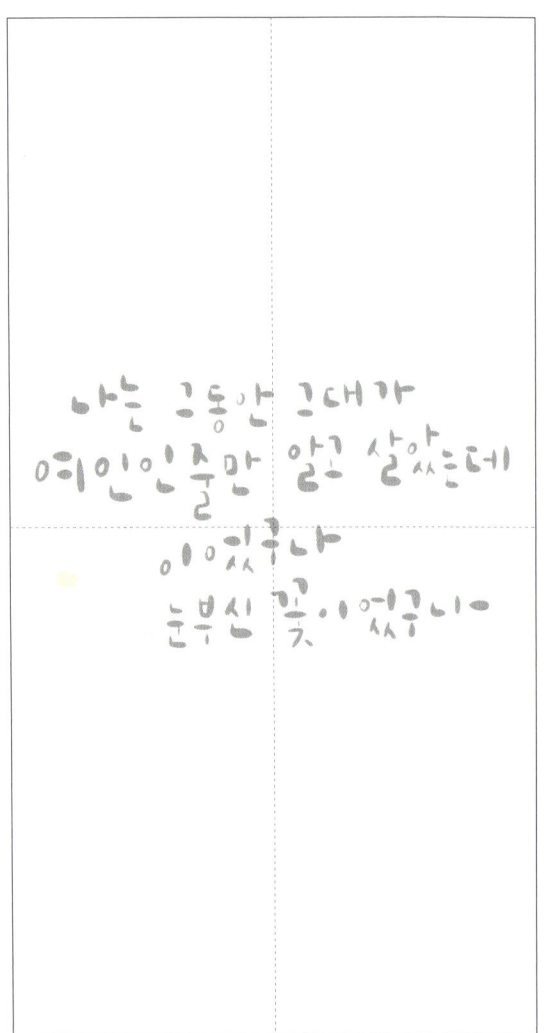

 **DAY 51** '꿈'을 글자로 둘러싼 것 같은 구도로 썼어요.

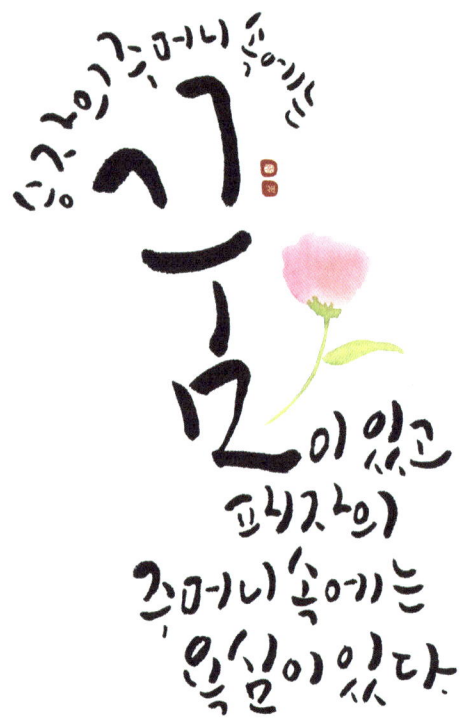

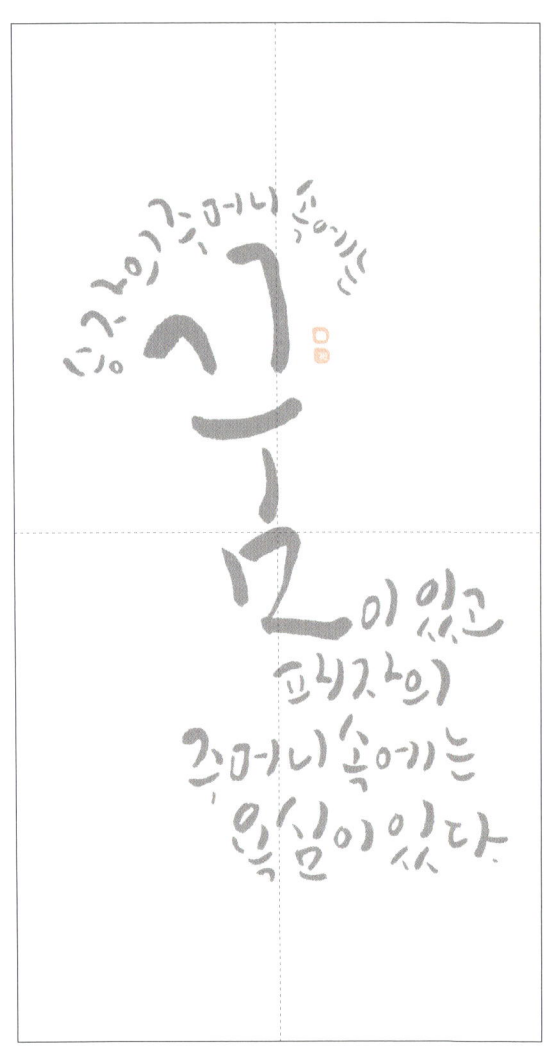

DAY 52 몽글몽글한 구름 위에 손글씨를 써보세요.

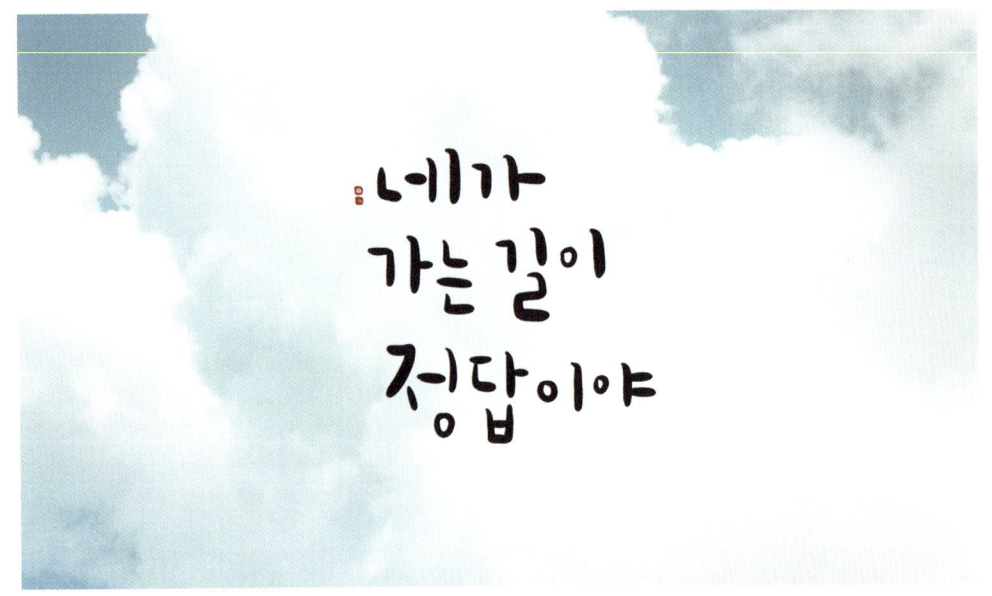

 **DAY 53** 글씨의 끝나는 부분을 동그랗게 말아 올려주면 더 귀여워요.

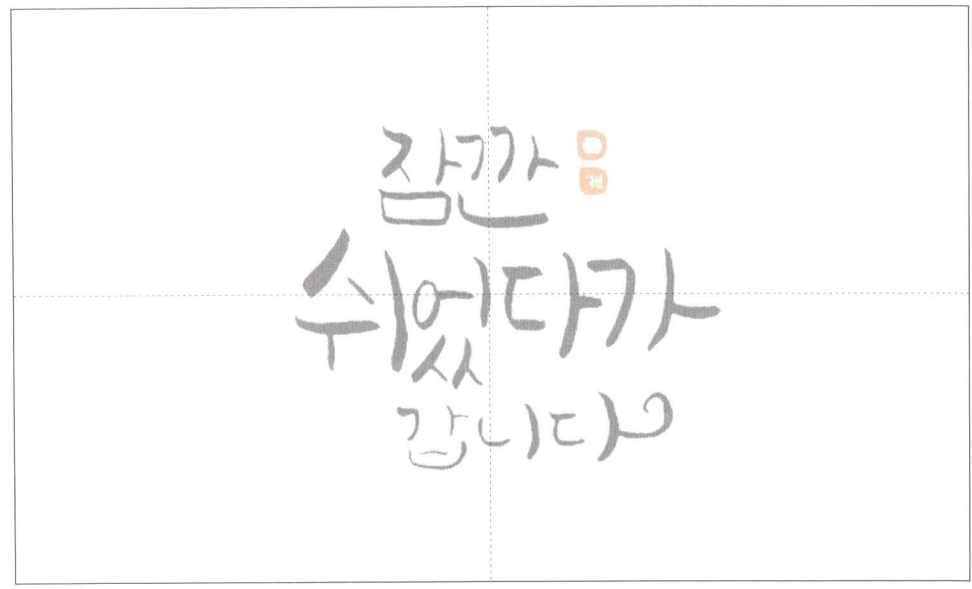

 **DAY 54** 빗방울 위에 슬픔을 표현해 보세요.

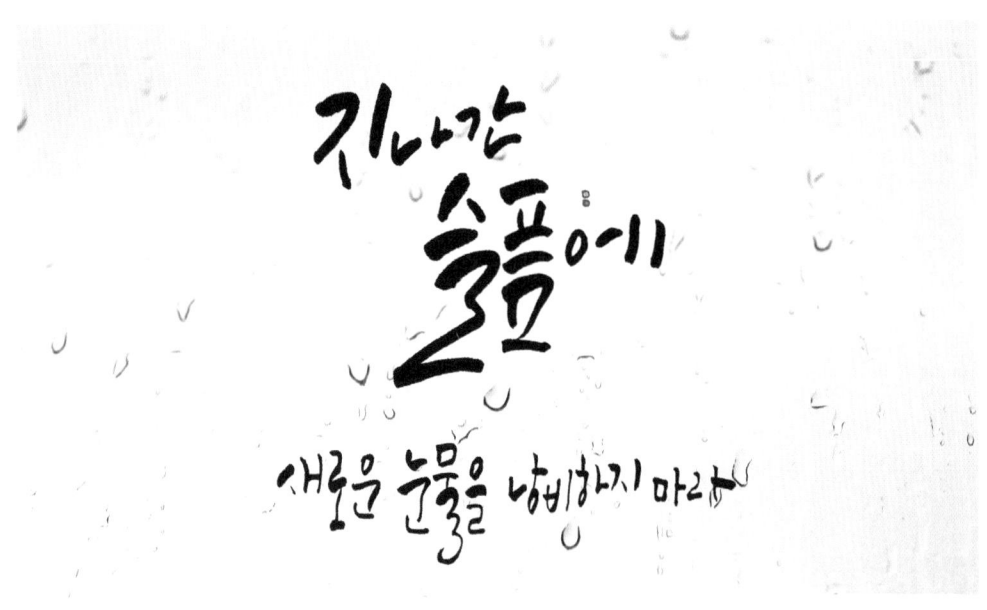

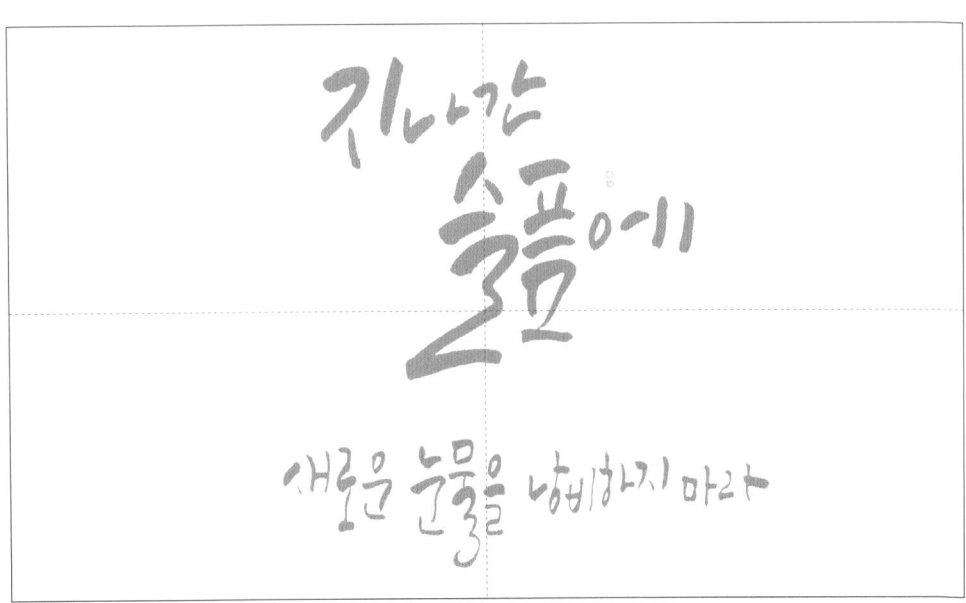

 **DAY 55** 커피를 마시다가도 생각나는 예쁜 손글씨를 써보세요.

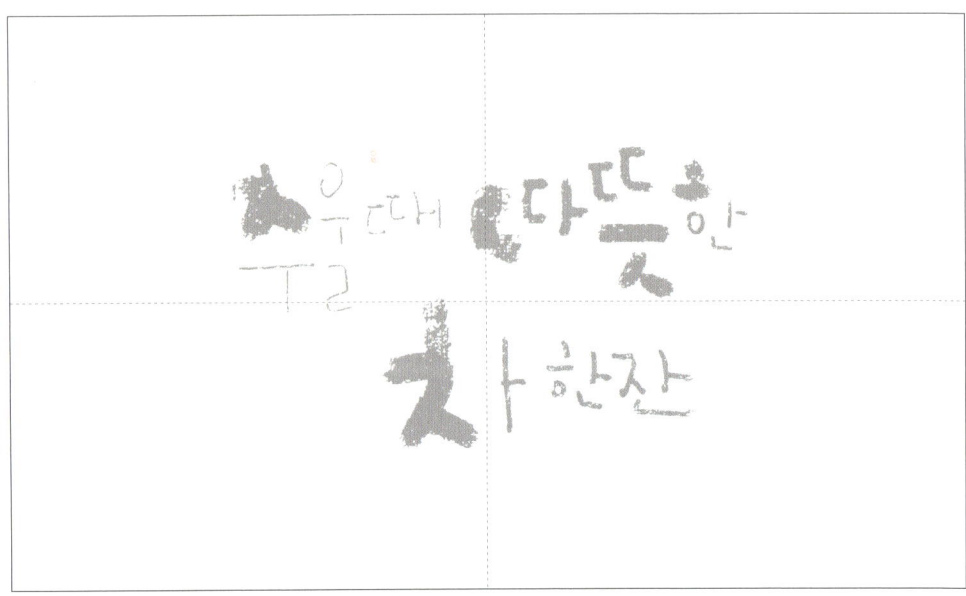

DAY 56 타오르는 장작 옆에 흰색 또는 은색 물감으로 써보세요.

서두르지
말되
멈추지마라

DAY 57 사랑하는 사람과 함께 한 추억 속에 담는 글씨는 오래오래 기억됩니다.

영원히 당신만을 사랑하겠습니다.

> **DAY 58** 선인장 옆에 쓰는 나를 위한 응원,
> 동글동글한 글씨로 썼어요.

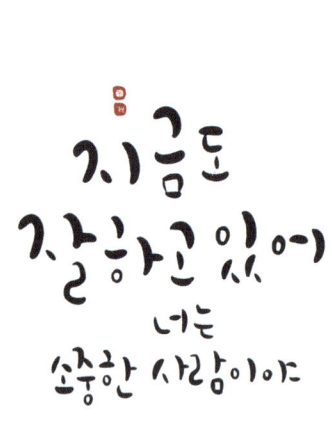

 **봉투에 글씨 쓰기**

봉투는 가로 봉투와 세로 봉투가 있습니다. 쓰려는 문구와 어울리는 봉투를 준비하면 더 좋겠죠.

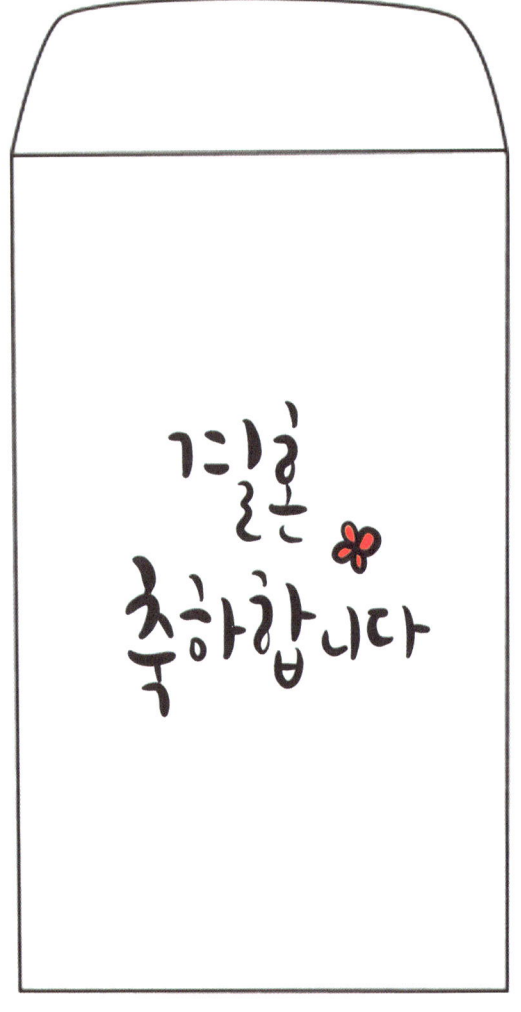

부모님 ♡
사랑합니다

언제나 ♡
감사합니다

용돈이다 ♡

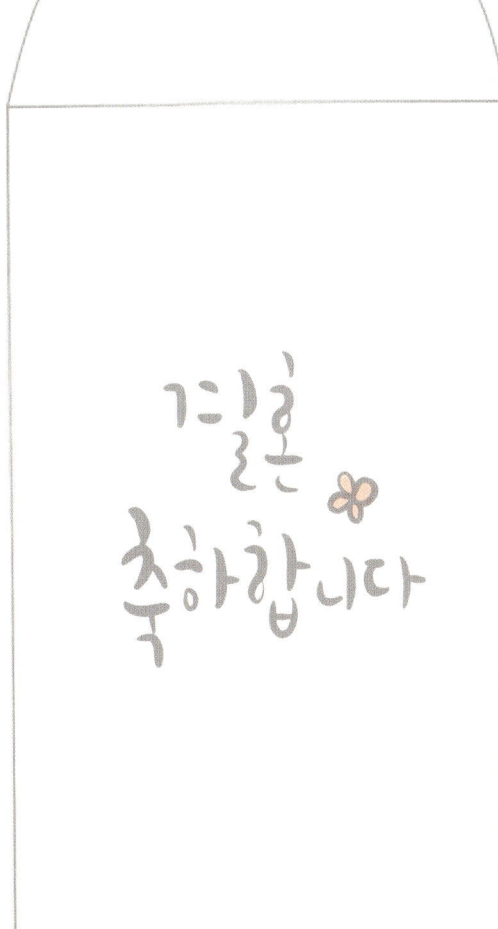

결혼 ✿
축하합니다

DAY 59 봉투에 글씨 쓰기

새해 복 많이 받으세요

풍성한 한가위 보내세요

선생님 감사합니다

좋은일만 가득하세요

새해 복 많이 받으세요

풍성한 한가위 보내세요

선생님 ♡
감사합니다

DAY 60 에코백에 글씨 쓰기

매 순간을
소중하게

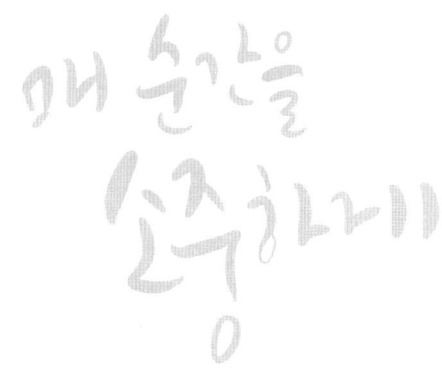

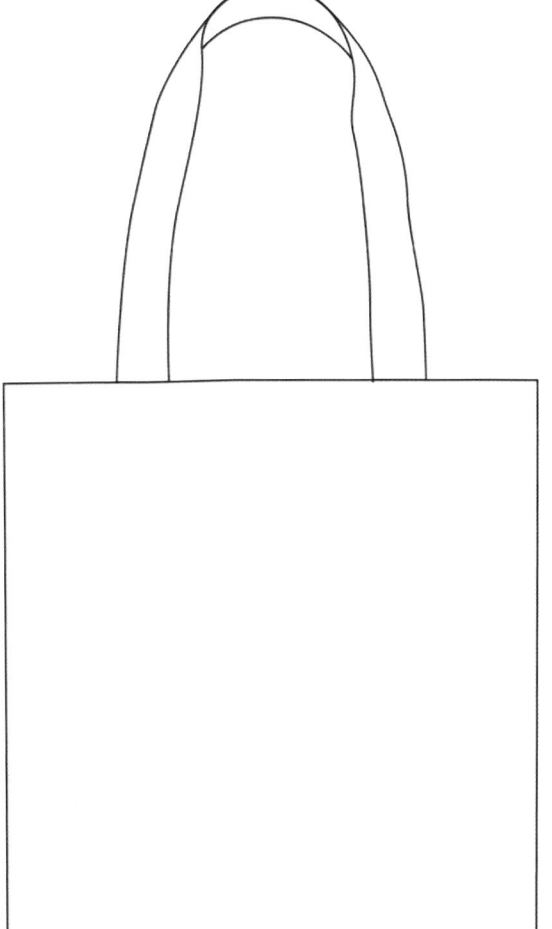

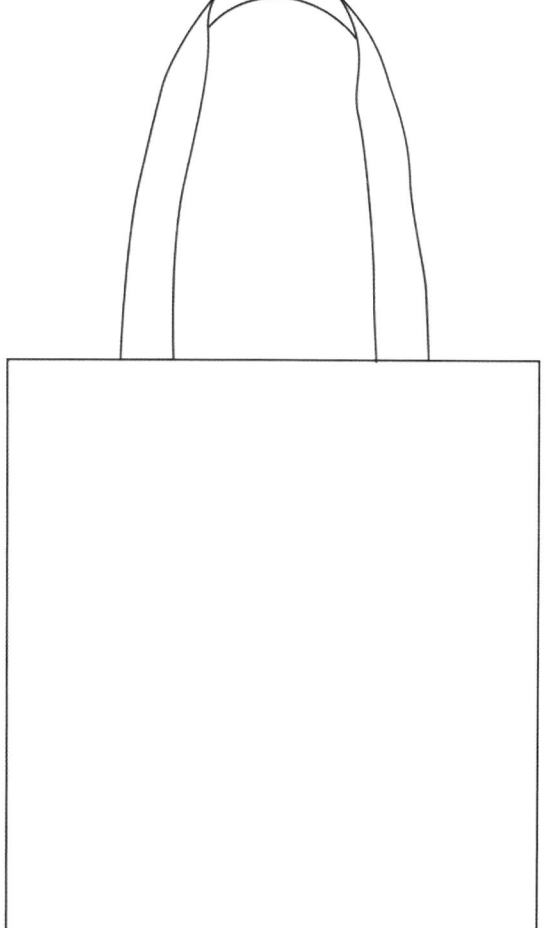

DAY 60　에코백에 글씨 쓰기

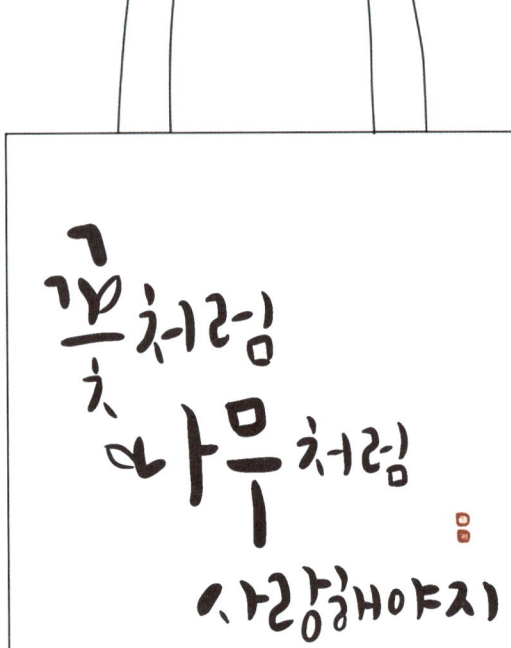

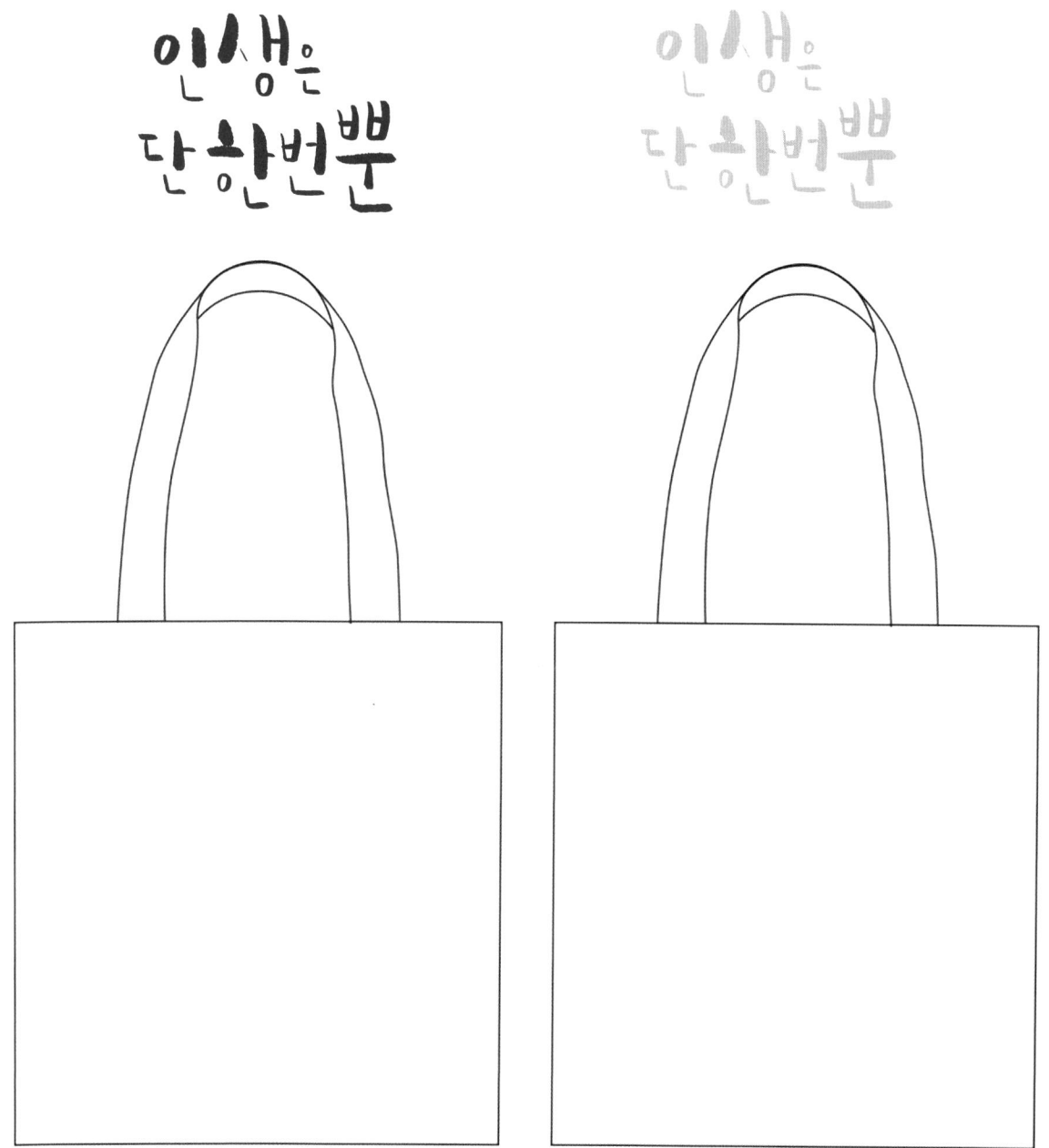